VITRINE

Max Bolliger

Stummel unterwegs

Gutenachtgeschichten
für Kinder und ihre Eltern

Mit Bildern von Sita Jucker

AT Verlag Aarau · Stuttgart

Gesamtherstellung:
Grafische Betriebe
Aargauer Tagblatt AG, Aarau

Printed in Switzerland

ISBN 3-85502-341-7
Ausgabe in Mundart:
ISBN 3-85502-342-5

Inhalt

Ein neuer Frühling

Stummel hoppelte dem Waldrand entlang.
Vor einem Jahr war er zur Welt gekommen. Trotzdem war es ihm, als sähe er alles zum erstenmal, die Ameisen, die Käfer, die zurückgekehrten Vögel, die Kräuter und Blumen, die Äcker und Wiesen und das Laub an den Bäumen.
Der Winter war vorbei.
Auf den Winter folgte ein neuer Frühling.
Der Igel hatte recht behalten.
Eben kam er dahergewatschelt und liess sich neben Stummel nieder.
Im Winterschlaf hatte er mehr als ein Drittel seines Gewichtes verloren.
«Ich habe dich zuerst kaum wiedererkannt», sagte Stummel.
Der Igel seufzte.
«Noch nie fiel mir das Aufwachen so schwer. Ich bin alt geworden.»
«Wie alt?» fragte Stummel.
«Zehnmal älter als du!»
Stummel erzählte dem Igel, wie er mitten im Winter nach ihm gerufen und wie verlassen er sich gefühlt hatte. Nun konnte er sich an Hunger und Kälte kaum noch erinnern.
«Bald wirst du wieder rund und dick sein!»
Der Igel lachte.
«Heute würdest du den Wettlauf gewinnen.»
Trotz des langen Schlafes hatte der Igel nichts vergessen.
«Und wo ist Stoppel, der weisse Hase?» fragte er.
Stummel zögerte mit der Antwort.
«In seine Heimat zurückgekehrt.»
Der Igel schwieg.
Stummel war froh, dass er nicht weiter fragte.
Die Schneefelder auf den Bergen fingen an zu glühen. Die

aufgehende Sonne versprach einen strahlenden Tag.
«Lass uns ihn verschlafen!» brummte der Igel.
Stummel lief zu seinem Nest. Es war das gleiche, das er sich im vergangenen Sommer ausgebuddelt, das gleiche, in dem Stoppel während eines Gewitters Zuflucht gesucht hatte.
Seit Stoppel fort war, kam es ihm leer und öde vor.
Er hatte Mühe einzuschlafen.
Irgend etwas tat ihm weh.
Es war kein Bauchweh, kein Halsweh, kein Ohrenweh...
Was war es nur?

Stummels Geheimnis

«Was machst du da?» fragte die Haselmaus.
Stummel sass am Rande eines frisch gewalzten Ackers. Die Abendsonne berührte den Horizont. Eine dunkle Linie trennte den Himmel von der Erde. Stummel versuchte sie mit seiner linken Vorderpfote in die Erde zu kratzen.
Die Waldmaus kicherte, als sie Stummels Bild betrachtete.
«Soll das ein lahmer Fuchs sein?»
«Nein!»
«Ein schlafender Riese?»
«Nein!»
«Ein Angsthase?»
«Geh und lass mich in Ruhe!»
«Muffel!»
Die Waldmaus rannte ins Untergehölz zurück, aus dem sie gekommen war.
Was Stummel sich einprägte, war die Form eines Berges.
Stoppels Berg!
Er machte die Augen zu.
Auch blind sah er den Berg vor sich.
Stummel dachte daran, was Stoppel ihm von Felswänden, Geröllhalden, von Murmeltieren, Steinböcken, Gemsen, Adlern und seltenen Blumen erzählt hatte.
War er gut wieder nach Hause gekommen? War er froh, wieder unter lauter weissen Hasen zu sein? Ob er sich auch daran erinnerte, was sie im Winter zusammen erlebt hatten?
Niemand konnte ihm darauf eine Antwort geben.
Er musste Stoppel selber fragen.
Das Heimweh wurde jeden Tag grösser.
Unten im Tal lag das breite helle Band, das die Welt in zwei Teile trennte.
Es war die Grenze.

Stummel fürchtete sie.
Er lief in den Wald hinein und fing an zu tanzen.
Auf einmal hörte er jemand klatschen.
Unter einem Haselbusch sass ein Hasenkind und beobachtete ihn.
Stummel stellte seine Ohren auf.
Nicht einmal dem Igel hatte er verraten, was Stoppel ihn vor seinem Abschied gelehrt hatte.
«Mach dich davon!» sagte er barsch.
Doch das Hasenkind liess sich nicht einschüchtern.
«Tanz weiter!» bat es.
Auf der Stirn zwischen seinen Ohren bemerkte Stummel einen weissen Fleck, wie er ihn noch nie bei einem braunen Hasen gesehen hatte. Wie eine frisch gefallene Schneeflocke sah er aus.
Das Hasenkind gefiel ihm.
«Was war das für ein Tanz?» fragte es.
Stummel überlegte lange.
Liess sich ein Geheimnis teilen?
Bis jetzt hatte es nur ihm allein gehört.
«Es ist Stoppels Tanz», sagte er, «der Schneehasentanz.»
«Wirst du ihn mir zeigen?»
«Ja», sagte Stummel. «Ich möchte ihn mit dir zusammen tanzen.»

Stummel nimmt Abschied

Es war kein Schnee.
Es waren die Blütenblätter des wilden Kirschbaums, die der Nachtwind davontrug.
Wie konnte jemand freiwillig den schönen Waldrand verlassen!
Der Igel schüttelte den Kopf.
«Ich habe dich gewarnt!»
«Mach dir um mich keine Sorgen!» sagte Stummel.
Er liess sich nicht anmerken, wie bange ihm zumute war. Doch die Sehnsucht nach den Bergen und das Heimweh nach Stoppel waren stärker als die Angst.
Wir werden uns wiedersehen, hatte er ihm versprochen.
Stummel glaubte daran.
Er sprang den Hügel hinunter, lief durch Ackerfurchen, am Bauernhof vorbei, über Wiesen und Felder.
Vor der Grenze blieb er stehen.
Die Grenze hatte vielen Hasen, Igeln und Rehen, ja sogar Füchsen das Leben gekostet.
Vor langer Zeit war er schon einmal hier gestanden, weil er die Berge aus der Nähe sehen wollte. Er war wieder umgekehrt.
Stummel wusste, dass es die lärmenden Ungeheuer waren, die den Tod brachten. Eines nach dem andern brausten sie an ihm vorüber.
Es brauchte Mut, die Furcht zu überwinden.
Aber Mut allein war nicht genug. Er musste sich auf seine Augen, seine Ohren und auf seine Nase verlassen.
Er wartete.
Als es einen Augenblick still und dunkel wurde, sprang er auf die glatte Fläche hinaus.
Der Boden, auf dem er landete, war für seine Pfoten ungewohnt.

Stummel spürte, wie er seine Sicherheit verlor.
Zwei glühende Augen kamen auf ihn zu.
Er war unfähig, sich zu rühren, aber er presste sich, so flach er konnte, auf den Boden.
Das Ungeheuer fuhr über ihn hinweg und entfernte sich.
Stummel rannte los.
Erst in einer Ackerfurche kam er wieder zu sich.
Vorsichtig richtete er sich auf.
Noch zitterte er am ganzen Körper.
Auf der andern Seite stand ein Hasenkind und winkte.
Auf seiner Stirn zwischen den Ohren leuchtete ein weisser Fleck wie eine frisch gefallene Schneeflocke.
Stummel winkte zurück.
Er hatte die Grenze überwunden.

Stummel löst ein Rätsel

Es regnete seit Tagen.
Über dem Land hing eine graue Decke.
Wie gut, dass Stummel sich die Form von Stoppels Berg eingeprägt hatte.
Es war ihm, als sähe er ihn vor sich, auch durch den Regen und die Wolken.
Jeder Satz und jeder Sprung bringen mich dem Ziel näher, dachte er.
Der Weg stieg an, also musste es der richtige sein.
Aber als eines Morgens die Sonne wieder durch die Wolken brach, stand Stummel einer fremden Welt gegenüber.
Was war das für ein Baum, unter dem er sich ausruhte?
An langen Zweigen sassen zierliche Zapfen. Die Nadeln glänzten in einem hellen Grün.
Stoppel hatte Stummel von diesen Bäumen erzählt.
Im Herbst wurden sie golden.
Auch jetzt war es, als schiene das Licht aus ihnen heraus.
Es waren Lärchen.
Zwischen den Lärchen entdeckte Stummel ein paar Föhren und einzelne Tannen, aber keinen einzigen Laubbaum.
Stummel machte das Männchen, um Ausschau zu halten.
Träumte er?
Er schloss die Augen und öffnete sie wieder.
Stoppels Berg war verschwunden. Dafür stand ein anderer da, viel mächtiger. Er hatte auch keine Spitze mehr, sondern einen runden Buckel.
Über sich in der Krone eines Baumes hörte er ein Hämmern.
«Tack – tack – tack!»
Ein Buntspecht schlug mit seinem Schnabel ein Loch durch die Rinde.
Stummel trommelte mit seinen Pfoten an den Stamm.

Der Buntspecht liess sich nicht stören.
Vögel waren besondere Wesen.
Wer mit ihnen sprechen wollte, musste Geduld haben.
Stummel legte sich ins Gras und wartete.
Endlich setzte sich der Buntspecht auf einen Ast in Stummels Nähe.
«Wo bin ich hingeraten?» klagte Stummel. «Ich habe mich verirrt.»
Er versuchte, dem Vogel Stoppels Berg zu beschreiben.
Der Buntspecht wippte mit dem Schwanz.
«Du hast dich nicht verirrt», sagte er. «Es ist der gleiche und doch nicht der gleiche.»
Stummel schaute ihn ungläubig an.
«Was meinst du damit?» fragte er verwirrt.
«Ein Rätsel», sagte der Vogel und flog davon.
Stummel blickte ihm nach.
Der Buntspecht sah die Welt von oben. Für ihn gab es keine Grenzen.
Stummel betrachtete den Berg von neuem.
Und auf einmal wusste er, was geschehen war.
Er war Stoppels Berg näher gekommen
und sah ihn von einer andern und
neuen Seite.
Er hatte das Rätsel gelöst.

Stummel ist verletzt

Ein heftiger Schmerz fuhr durch Stummels Körper und weckte ihn.
Neben dem Farnstock, den er sich als Schlafstelle ausgesucht hatte, lag ein Stein.
Der Stein hatte ihn getroffen.
Stummels Haut war unverletzt, aber als er sich aufsetzte, konnte er seine rechte Vorderpfote nicht mehr bewegen.
Über den steilen Abhang hinunter kam ihm ein neuer Stein entgegen.
Stummel durfte nicht liegenbleiben.
Er musste versuchen, den Hang hinaufzuklettern.
An seinem Rande sah er den blauen Himmel.
In der Ferne hörte er ein Glockengebimmel.
Mit seinen Hinterbeinen arbeitete er sich Satz für Satz aufwärts.
Die verletzte Vorderpfote hielt er an den Bauch gepresst, mit der gesunden stützte er sich bei den Sprüngen ab.
Es war Mittag.
Das grelle Licht der Sonne tat seinen Augen weh.
Die Hitze wurde immer unerträglicher.
Wenn er sich am Ziel glaubte, stand er wieder vor einem neuen Wegstück.
Der Hang wollte kein Ende nehmen.
Doch das Glockengebimmel kam näher und näher.
Er durfte nicht aufgeben.
Und plötzlich lag eine flache Wiese vor ihm.
Stummel atmete auf.
Auf der Wiese weideten Kühe.
Es waren die Kühe, die er im Herbst vor dem Bauernhaus gesehen hatte. Sie trugen die gleichen Glocken um den Hals.
Wie waren sie hierhergekommen?
Unter einer Tanne entdeckte Stummel eine langgestreckte

Hütte, ein Haus, wie nur Riesen es bauen konnten. Türen und Fenster standen offen, und aus dem Kamin stiegen Rauchwolken zum Himmel empor.
Jemand kam über die Wiese gelaufen.
Stummel rieb sich die Augen.
Sah er recht?
Er erkannte das kleine Mädchen, dem er einen Hasen aus Schokolade zerbrochen, das er in einem verschneiten Wald mit einer Laterne gesehen und das auch den Schneemann gebaut hatte.
Es verschwand in der Hütte, ohne ihn zu sehen.
An der Hütte floss ein Bach vorbei.
Stummel hinkte darauf zu.
Wasser!
Kühles frisches Wasser!
Er trank und trank!
In der Nähe des Baches fand er einen schattigen Platz. So gut er es mit drei Pfoten vermochte, grub er sich ein Nest in die Erde.
Er war gerettet.

Stummel auf der Alp

Stoppel hatte sie ihm beschrieben.
Sie waren viel schöner, als Stummel sie sich vorgestellt hatte. Vor seinem Versteck stand ein blauer Eisenhut. Neben dem Bach wuchsen Trollblumen. Zwischen den Ritzen eines Felsbrockens blühten Glockenblumen. Am besten gefielen Stummel die Enziane und die Silberdisteln. Nachts schlossen sie ihre Blüten zu, um sie jeden Morgen dem Licht und der Wärme neu zu öffnen.
Stummel fand saftige Kräuter. Sie schmeckten anders als zu Hause. Das Gras wuchs weniger hoch, dafür war es würziger. Er merkte bald, welche Pflanzen ihm gut oder schlecht bekamen. Wie die Kühe, liess auch er den gelben Hahnenfuss stehen.
Stummel hinkte noch immer, doch es ging ihm jeden Tag besser.
Jeden Tag wagte er sich auch ein bisschen näher an die Hütte der Riesen heran.
Darin wohnten nicht nur das kleine Mädchen, sondern auch zwei grosse Riesen, ein Mann und eine Frau.
Stummel blieb am Morgen lange wach, um das kleine Mädchen zu beobachten.
Es wusch sich am Brunnen vor dem Haus.
Stummel machte das Männchen.
«Ein Hase!» rief das kleine Mädchen plötzlich.
Stummels Herz fing laut an zu pochen.
Er blieb sitzen.
Erst als die Riesenfrau aus der Hütte trat, hoppelte er langsam davon.
«Das arme Häschen! Es hinkt!»
Stummel kuschelte sich in sein Nest.
Als er wieder erwachte, lagen vor seiner Nase ein paar Kohlblätter.

Am zweiten Abend waren es Apfelstücke.
Am dritten Abend labte er sich an frischen Karotten.
Auch seine verletzte Vorderpfote war wieder geheilt und tat nicht mehr weh.
Nur wenn er dem kleinen Mädchen begegnete, fing er an zu hinken.
«Das arme Häschen!»
Die Worte galten ihm.
Stummel verstand ihre Bedeutung nicht. Es war der Klang der Stimme, der ihn glücklich machte.
Wie die Tiere hatten die Riesen ihre eigene Sprache. Stummel erinnerte sich daran, wie wunderbar sie mitten in einer Winternacht gesungen hatten.
Eines Abends trug der Riesenmann ein langes Horn aus der Hütte. Er setzte es an den Mund, und dann erklangen Töne, wie Stummel sie noch nie gehört hatte.
Sie liessen Stummel erschauern.
Sie waren dunkel und dennoch schön.
An diesem Abend liess er die Kohlblätter, die Apfelstücke und die frischen Karotten liegen.
Als am Himmel der Mond und die Sterne erschienen, machte er sich wieder auf den Weg.

Stummel im Nebel

Nebel war verzaubertes Wasser.
Er hing als Schleier in der Luft und in glänzenden Tropfen an den Zweigen und Gräsern.
Auch Stummel wurde nass davon, doch die feinen Wollhaare unter seinem Fell schützten ihn vor Kälte und Feuchtigkeit.
Er stärkte sich mit Heidelbeeren. Die kleinen Stauden am Wegrand waren voll davon.
Von Zeit zu Zeit blieb Stummel stehen und lauschte in die Stille hinein.
Der Nebel wurde immer dichter.
Auf einmal stand er vor einem riesigen Tier. Sein schwarzer Rücken glänzte. Sein Haupt war mit Moos bedeckt. Es war versteinert und rührte sich nicht.
Trotzdem war es Stummel unheimlich zumute. So schnell er konnte, lief er an ihm vorbei.
«Ich bin Stummel!» sagte er laut vor sich hin. «Ich bin Stummel!»
Nach einer Weile versperrte ihm das versteinerte Tier den Weg von neuem.
Stummel war im Kreis gegangen.
Wie lange schon?
Er hatte nicht nur die Richtung, sondern auch das Gefühl für die Zeit verloren.
Er kam sich vor wie in einem Käfig ohne Gitter und getraute sich nicht mehr weiterzugehen.
Zum erstenmal, seit er unterwegs war, dachte er an sein gemütliches Nest, an die vertrauten Wege dem Waldrand, dem Acker und den Wiesen entlang. Er dachte an den Igel, der ihn gewarnt hatte.
Er dachte auch an das Hasenkind. Es war ihm, als stände es neben ihm. Das Geheimnis verband sie miteinander.

In diesem Augenblick tauchte ein neues Wesen aus dem Nebel auf.
Es war nicht versteinert, es war lebendig, nicht viel grösser als Stummel.
Sein graubraunes Fell schimmerte silbern. Es musste dicht und borstig sein. Stummel suchte nach seinen Ohren. Es versteckte sie hinter den Augen im Pelz. Dafür besass es einen kräftigen buschigen Schwanz.
Es setzte sich vor Stummel auf seine Hinterbeine und fing an zu pfeifen.
«Ich bin Murmel. Und wer bist du?»
«Ich heisse Stummel!»
«Wie?»
«Mummel!»
«Sturmelmummel!»
Sie fingen an zu lachen.
Und dann sagte Murmel:
«Über dem Nebel scheint die Sonne.»

Stummel wundert sich

«Oh!» entfuhr es Stummel.
Der Nebel hatte sich gelichtet. Nun lag er als Decke zu seinen Füssen.
So weit Stummel blickte, sah er nichts als ein weisses Meer. Nur die Gipfel der Berge ragten daraus hervor. Der Himmel war blau und wolkenlos.
Nach der gespenstischen Nacht war es für Stummel ein Wunder.
«Beeil dich!» drängte Murmel.
Von einer nahen Geröllhalde kam ihnen jemand bellend entgegengelaufen.
«Meine Mutter!» flüsterte Murmel.
«Da bist du ja!» schimpfte sie. «Du hast da unten nichts verloren.»
«Nein», brummte Murmel, «ich habe da unten nichts verloren, dafür etwas gefunden.»
Er zeigte auf Stummel.
«Auch das noch!» murmelte Murmels Mutter.
Aber nachdem sie Stummel beschnuppert hatte, hellte sich ihre Miene wieder auf.
«Willkommen!» sagte sie.
Auf der Geröllhalde wurden einige der graubraunen Steinkegel plötzlich lebendig.
Zwei Murmelmänner fingen an, miteinander zu kämpfen. Sie peitschten mit ihren Schwänzen durch die Luft. Sie pfiffen und schrien. Sie scheuten sich auch nicht davor, die Zähne zu gebrauchen.
Als der Kampf entschieden war, umarmten sie sich.
«Mein Vater hat gewonnen!» sagte Murmel.
Zwischen ein paar Steinbrocken sassen zwei Murmeltiere, die ihre Vorderpfoten gegeneinanderklatschten. Nachher fingen

sie sich zärtlich an zu lecken.
«Mein Onkel und meine Tante», erklärte Murmel.
Zwei kleine Murmeltiere fassten sich um den Bauch und kugelten einen Abhang hinunter.
«Ein Vetter und eine Base!»
Murmel purzelte ihnen nach.
«Mach mit!» rief er Stummel zu.
Stummel getraute sich nicht.
Er kam aus dem Staunen nicht heraus.
Er sass da und wunderte sich.

Die Murmeltiere

Ein Riese wanderte der Geröllhalde entlang, blieb plötzlich stehen und stellte sich tot.
Murmels Vater, der Wache hielt, liess sich nicht täuschen. Er warnte die andern mit einem Pfiff.
Im Nu verschwanden die Murmeltiere in ihren Verstecken zwischen den Steinen.
Auch Stummel erstarrte.
Erst als der Riese weiterzog, wurde es auf der Geröllhalde wieder lebendig.
Murmels Onkel schnitt mit seinen Zähnen dürre Grashalme ab. Seine Frau schob sie mit dem Unterkiefer zusammen und trug sie im Maul unter ein Gebüsch.
«Wozu dieser Eifer?» fragte Stummel.
«Sie brauchen ein warmes Nest!»
«Mitten im Sommer?»
Murmel lachte.
«Sie bekommen ein Kind, vielleicht auch zwei!» sagte er.
«Dann werden sie Eltern sein», meinte Stummel nachdenklich.
Murmel freute sich auf eine neue Base oder einen neuen Vetter.
«Du wirst staunen, wie sie spielen und wie schnell sie grösser werden!»
«Ihr zwei Faulpelze!» rief eine Stimme.
Es war Murmels Mutter.
«Helft mit!»
Sie verschwand in einer Höhle.
Bald darauf kamen aus dem Eingang Steine, zertretenes Heu und Erdkrümel geflogen.
«Sie räumt auf!» sagte Murmel.
«Was?»
«Unsere Winterwohnung.»

Stummel dachte an den Igel.
Also machten auch die Murmeltiere einen Winterschlaf.
«Suchst du dir keine eigene Wohnung?»
«Ich brauche noch keine Wohnung», lachte Murmel. «Erst wenn ich eine eigene Familie gründe.»
Stummel schwieg beschämt.
Seit ihn die Murmeltiere bei sich aufgenommen hatten, erlebte er jeden Tag eine neue Überraschung.
Er hatte keine Ahnung, was das war, eine Familie.
Er erinnerte sich nur an seine Mutter.
Er wusste, dass er auch einen Vater, Brüder und Schwestern, vielleicht auch Vettern, Basen, Tanten und Onkel besass, aber er kannte sie nicht.
Hasen gingen ihren eigenen Weg.
Als die Sonne untergegangen war, zog sich Murmel mit seinen Eltern in ein Versteck zurück.
«Ich bleibe lieber draussen», sagte Stummel.

Stummels Traum

Stummel kroch aus einer engen Höhle ins Licht hinaus.
Es blendete ihn. Die Geröllhalde war mit Schnee bedeckt.
An ihrem Rande stand ein weisser Hase.
«Stummel!» rief er.
«Ich komme!» gab Stummel zurück.
Aber als er loslaufen wollte, konnte er sich nicht vom Fleck rühren.
Der weisse Hase winkte.
Stummel versuchte mit seinen Ohren zurückzuwinken. Doch anstelle der Ohren besass er nur zwei Läppchen. Er war kein Hase mehr, sondern ein Murmeltier.
«Warte!» rief er verzweifelt.
Der Boden hielt ihn fest.
Der weisse Hase drehte sich um und hoppelte davon.
Es war Stoppel.
Stummel schrie auf und erwachte.
«Du hast geträumt», lachte Murmel und zog ihn an den Ohren.
Sie waren noch da.
Stummel bewegte sie nach allen Seiten.
«Lange Ohren, den Schwanz verloren!» spottete Murmel.
«Lange Ohren, so geboren!» sagte Stummel.
«Wer ist stärker, du oder ich?» fragte Murmel.
«Das kommt darauf an!» meinte Stummel.
«Lass uns einen Ringkampf machen!» sagte Murmel.
«Nein, lieber einen Wettlauf!»
Aber dazu hatte Murmel keine Lust.
Er trollte sich davon.
Stummel schaute ihm nach.
Sie assen die gleichen Kräuter und Beeren. Sie hatten die gleichen Feinde, den Fuchs, den Adler und die Jäger.
Und doch waren sie verschieden.

Murmel hatte ihn nie gefragt, woher er käme und wohin er ginge. Was ausserhalb der Geröllhalde geschah, beschäftigte ihn nicht.
Murmel mochte Gesellschaft, er aber war lieber allein. Er liebte die Dämmerung, den Mond und die Sterne, Murmel den Tag, das Licht und die Sonne.
Sie stand hoch am Himmel über Stoppels Berg.
Stoppel hatte ihn im Traum gerufen.
Bevor er wieder einschlief, wusste er, dass er sich von Murmel trennen musste.

Stummel am Ziel

Was war das?
Ein grosser weisser Fleck im Schatten einer Felswand.
Stummel sprang darauf zu.
Schnee mitten im Sommer!
Die kühle Decke tat seinen wunden Pfoten gut. Er war die ganze Nacht gelaufen.
Die Dunkelheit löste sich auf.
Stummel schaute ins Tal hinunter.
Die Behausungen der Riesen waren kleiner als die Gräser vor seinen Augen.
Er sah die Waldgrenze. Er entdeckte die Alp, auf der das kleine Mädchen Kühe hütete. Weiter oben lag die Geröllhalde, die Murmels Zuhause war. Sicher war er gerade dabei, aufzuwachen, sich zu recken und zu strecken.
Die ersten Sonnenstrahlen schossen über den nahen Berggipfel.
Es war Stoppels Berg.
Am Rande des Schneefeldes leuchtete es rot von Alpenrosen, Stoppels Lieblingsblumen.
Aber wo blieb Stoppel?
Weit und breit war kein einziger weisser Hase zu sehen.
Stummel lauschte in die grosse Stille hinein.
Noch nie hatte er sich so winzig und verloren gefühlt.
Als sich in seiner Nähe ein Steinbrocken löste, schrak er zusammen.
«Stoppel, wo bist du?» rief er.
«Stoppel, wo bist du?» tönte es von den Felsen zurück.
Es war nur das Echo seiner eigenen Stimme.
Plötzlich erschien über einem nahen Felskopf ein Tier mit zwei mächtigen Hörnern.
Stummel verschwand mit ein paar Sätzen zwischen den Stauden der Alpenrosen.

Nun stand das Tier auf dem Felsen und ragte in seiner ganzen Grösse in den Himmel hinein. Mit den verknorpelten Hörnern kämmte es sich weisse Wolle aus dem Fell. Der Wind trug sie davon.
Stummel betrachtete das Tier voller Ehrfurcht.
Es erinnerte ihn an den Hirsch, dem er als Hasenkind im Wald begegnet war und der ihm geholfen hatte, die verlorene Richtung wiederzufinden.
Das Tier landete mit einem Sprung neben Stummel auf der Erde.
«Was suchst du in meinem Reich?»
«Ich suche Stoppel», sagte Stummel.
«Wer ist das?»
«Mein Freund! Ein Schneehase!»
Das Tier lachte.
Das Lachen kam tief aus seiner Kehle herauf.
«Ich will dich zu ihm führen. Du bist am Ziel!»

Der Steinbock

Stummel vermochte ihm kaum zu folgen.
Er staunte, wie behende das schwere Tier über die Felsen kletterte. Es blieb immer wieder stehen, um auf Stummel zu warten.
«Wer bist du?» fragte Stummel schüchtern.
«Ein Steinbock!»
Noch nie hatte Stummel ein so stolzes und starkes Tier gesehen.
Und doch brauchte er es nicht zu fürchten.
«Hast du keine Feinde?»
«Doch», sagte der Steinbock. «Meine Feinde sind die Adler und die Jäger, harte Winter und Lawinen.»
«Aber», fuhr er nach einer Weile fort, «ich habe keine Angst vor ihnen.»
Hinter einer Felskante kam ihnen eine Gesellschaft anderer Steinböcke entgegen. Sie grüssten mit ihren Hörnern.
Auf einem mit Gras bewachsenen Bord weideten Steingeissen mit ihren Kitzen.
«Seid ihr keine Familie?» fragte Stummel verwundert.
«Nein. Im Frühling trennen sich die Böcke von den Geissen und ihren Jungen. Nur im Winter leben wir in einer Herde zusammen.»
Der Steinbock lachte.
«Sind alle Hasen so neugierig wie du?»
Er zeigte auf eine Weide unterhalb des Felsens, auf dem sie standen.
«Dort sind sie», sagte er.
Es musste ein ganzes Rudel sein.
Vor Aufregung vergass Stummel, sich zu bedanken, und rannte los.
«Stoppel!» rief er. «Stoppel!»

Er bekam keine Antwort.
Die Hasen umringten ihn. Sie waren kleiner als Stummel und hatten breitere Füsse. Ihr Fell war dichter, aber braun.
Stummel brachte kein Wort heraus.
Die Hasen rückten näher und musterten ihn von allen Seiten.
«Ein Feldhase aus dem Unterland!» stellte eine Häsin fest.
Die Hasenkinder fingen an zu kichern.
«Ein Feldhase, ein Feldhase...»
Ihre Mütter brachten sie zum Schweigen.
«Hast du dich verirrt?» fragte ein Hasenmann.
«Nein», stotterte Stummel. «Ich suche die weissen Hasen.»
Die Kleinen begannen mit den Ohren zu wackeln.
«Wir sind, was du suchst», sagte die Häsin. «Schneehasen!»
Stummel schaute sie ungläubig an.
Von ihrem Winterfell war nichts als ein weisser Stummelschwanz übriggeblieben.
Plötzlich fingen alle an zu tanzen, hüpften und drehten sich im Kreis herum.
Es war der Schneehasentanz.
In diesem Augenblick kam ein Hase keuchend und ausser Atem dahergesprungen.
Auch er trug das braune Sommerkleid.
Es war Stoppel.

Stoppelsberg

Stummel und Stoppel sassen auf dem Gipfel des Berges und erwarteten die Sonne.
«Zum letztenmal!» sagte Stummel wehmütig.
In einer vom Wind geschützten Felsnische rastete ein Zug von Schwalben.
Stoppels Sommerkleid hatte weisse Flecken bekommen.
«Es wird höchste Zeit, dass ich mich auf den Weg mache», sagte Stummel.
Es war lange her, seit der Steinbock ihn zu den Schneehasen geführt hatte.
Stummel und Stoppel waren zusammen auf die Berge geklettert, waren in Höhlen gekrochen und hatten die Mulde entdeckt, in der schneeweisse Falter mit schwarzen und roten Tupfen aus ihren Larven krochen. Sie waren den Gemsen begegnet und vor dem Adler geflüchtet.
Von ihren Ausflügen waren sie immer wieder zum Rudel zurückgekehrt.
«Wir Schneehasen brauchen einander!» sagte Stoppel.
Stummel dachte an die Murmeltiere, an die Steinböcke, an die Schwalben und auch an sich selbst.
«Es gibt verschiedene Arten zu leben», sagte er leise.
«Schau dir die aufgehende Sonne an», sagte Stoppel.
Stummel lachte.
«Es ist eine Kugel, keine Scheibe.»
Noch gab es Sommernahrung in Hülle und Fülle, Kräuter und Gräser und Beeren.
«Iss dich satt!» sagte Stoppel.
Am Abend machte sich Stummel auf den Weg.
Stoppel begleitete ihn ein Stück weit.
In der Ferne sahen sie das flache Land und die sanften Hügelzüge.

Stummel zeigte auf eine bewaldete Kuppe.
«Das ist das Land, wo ich zu Hause bin», sagte er.
Stoppel dachte an den Waldrand, die Obstbäume, an die bunten Blätter, an die grünen Wiesen, den Bauernhof...
Für ihn war es eine wunderbare Erinnerung.
«Bald wirst auch du meinen Berg wieder von weitem sehen», sagte er.
Stummel spürte seine Wehmut.
«Ja», sagte er, «aber mit andern Augen.»
Stoppel schwieg.
«Nun hat der Berg einen Namen», sagte Stummel, als sie sich voneinander verabschiedeten.
«Was für einen?» fragte Stoppel.
«Deinen!» lachte Stummel. «Stoppelsberg!»

Am Waldrand

Stummel lief vom Kirschbaum zur Eiche hinüber. Er sprang dem Acker entlang. Er stand auf der Wiese unter dem Apfelbaum.
Es war alles noch da.
Nur die Scheune des Bauernhofes hatte ein neues Dach bekommen und glänzte in der Morgensonne.
Auf der Wiese weideten Kühe. Auch sie waren wieder zurückgekehrt.
Stummel wunderte sich.
Seine Welt war kleiner geworden.
Oder täuschte er sich?
«Nicht der Waldrand, sondern ich habe mich verändert», sagte er vor sich hin.
Vom Wipfel einer Tanne begrüsste die Amsel den Tag mit ihrem Lied. Aus dem Wald traten die Rehe. Die Waldmaus war dabei, Vorräte für den Winter zu sammeln.
Wo blieb nur der Igel?
Für den Winterschlaf war es zu früh.
«Guten Tag, Stummel!»
Das Eichhörnchen sass auf einem Ast und freute sich, Stummel wiederzusehen.
«Weisst du, wo der Igel sich herumtreibt?» fragte Stummel.
«Der Igel ist gestorben.»
Stummel starrte das Eichhörnchen an. Er konnte noch nicht begreifen, was es eben gesagt hatte.
«Er war alt und müde.»
«Auf Wiedersehen», sagte Stummel.
Unter der Eiche blieb er eine Weile stehen. Der Laubhaufen lag verlassen, vom Wind verblasen.
Nie würde er dem Igel erzählen können, was er alles erlebt hatte.

Er lief zu seinem alten Nest.
«Ich habe dich erwartet», sagte eine Stimme.
Stummel staunte.
Aus dem Hasenkind mit der Schneeflocke auf der Stirn war eine junge Häsin geworden, gross und erwachsen wie Stummel.
«Ich habe dein Geheimnis gehütet.»
«Unser Geheimnis», sagte Stummel.
Sie fingen zusammen an zu tanzen.
In der Ferne leuchtete der Stoppelsberg.
Stummel hatte die Grenze überwunden und die Berge aus der Nähe gesehen. Seine Sehnsucht war gestillt, aber sie hatte eine neue geweckt. Und auch sie machte ihn glücklich und traurig zugleich.

Von Max Bolliger sind die folgenden Stummel-Bücher mit Illustrationen von Sita Jucker erschienen:

1. Band: «Stummel»
2. Band: «Stummel im Winter»
3. Band: «Stummel unterwegs»

Weitere Gutenachtgeschichten sind erschienen von Hannes Schmid:
«Wo schlafen die Sterne?»
mit Bildern von René Villiger

und von Karen Meffert:
«Die kleine Traumfee erzählt»
mit Bildern von Hanna Stračuk